ごちそうマリネ

渡辺麻紀

河出書房新社

はじめに

少し大きめのボウルに、レモンをギュッと搾って
自然塩をパラパラ、ペッパーミルを使って挽きたての香りよい白こしょうを少々。
よく混ぜたら、エクストラヴァージンオリーブオイルを
少しずつ加えながら、しっかり混ぜます。
これでマリナードは出来上がり。

ゆでた白いんげん豆、スライスした紫玉ねぎ。
ヘタを取って半分に切ったプチトマト、ツナ。
香りが出るよう、イタリアンパセリはちぎりながら加え、
マリナードが全体にいきわたるように、よく和えます。
バットにうつして、時間がおいしくしてくれるのを待つだけ。

今日のランチに少しいただいて、あとは夕食のワインのおともに冷蔵庫へ。
時間が経つと、玉ねぎはしんなりしてマリナードとなじみ、
ツナも白いんげん豆とよくからみ、また違ったおいしさが味わえるはず——。

——マリネとは、野菜や魚介類、肉などの食材を漬け汁に漬ける料理。
フランス語ではマリネ(mariner)は「漬け汁に漬ける」という動詞にあたり、
その漬け汁のことをマリナード(marinade)といいます。
マリナードは、ヴィネガーやレモン汁、オイルやワインなどにハーブやスパイスを加えたもの。
ここでは、生クリームや味噌を使ったさまざまなアレンジを、レシピにして紹介します。
食材をマリナードに漬けておくことで、素材がやわらかくなったり、
新たな風味がついたり、保存しやすくなったりして、グンとおいしくなるのです。

一言でマリネといっても、とても幅広いレシピが楽しめます。
新鮮な野菜や魚介、フルーツなど、生でそのまま使える食材でさっと作れるもの。
ソテーしたり蒸したり、食材に火を通してからマリネすることで、おいしく仕上がるもの。
マリネしたあとに調理をして、お料理に仕立てるもの……。

どれも、調理方法は至ってシンプル。
素材の下ごしらえをしたら、マリナードに混ぜておくだけです。
数十分でいただけるものもあれば、数時間から一晩漬け込むことでおいしくなるものも。

マリネのいいところは、こうしてあらかじめ仕込んでおけること。
時間のあるときに準備しておいておけば、
今晩のごはんや明日のおもてなしやお持たせに、と
直前に慌てることなく、おいしくて見栄えのする一品を仕上げることができるのです。
皆さんの明日の食卓に、おいしいマリネが並びますように。

渡辺麻紀

2 はじめに
6 マリネを作る前に
使用する容器について／本書のレシピについて／
本書で使用する主な調味料

野菜のマリネ

contents

10 アボカド、トマト、白身魚のゆず胡椒マリネ
11 かぶとキャベツ、にんじんのレモンマリネ
12 かぼちゃのバルサミコクリームマリネ
　　じゃがいものたらこクリームマリネ
13 揚げ茄子とゴーヤ、長芋の香味マリネ
14 キャベツとスモークサーモンのくるくるマリネ
15 白いんげん豆、玉ねぎ、ツナのトスカーナ風マリネ
16 キドニービーンズとえびの味噌マリネ
20 焼きれんこんの粒マスタードマリネ
21 焼きパプリカのバルサミコマリネ
22 焼きわけぎ花椒、レモンのアンチョビマリネ
23 焼きしいたけとトマトのマリネ
24 きゅうりの四川風マリネ
　　きゅうりのビールマリネ
　　にんじんの黒こしょうマリネ
25 にんじんの味噌マリネ
　　茄子のベトナム風マリネ
　　茄子の白ワインマリネ

| 瓶で作るマリネ

28 プチトマトとオレンジのマリネ
　　大根の韓国風マリネ
29 ブロッコリーの酒粕マリネ
　　カリフラワーのカレーマリネ
30 紫キャベツとブルーベリーのマリネ
　　枝豆と小梅の和風マリネ
31 焼きアスパラの豆板醤マリネ
　　長ねぎのひとくちマリネ

| 野菜と組み合わせておいしい
| いろいろな素材のマリネ

36 お米のマリネ
　　パンのマリネ
37 ポーチドエッグのマリネ
　　豆腐のマリネ

魚介のマリネ

40　豆あじと紫玉ねぎのマリネ
42　角切りサーモンといくらのマリネ　サワークリーム添え
43　いわしの和風マリネ
　　まぐろの黒こしょう、赤ワインマリネ
46　さばとピーマンの香味マリネ
47　かじきのトマトマリネ
48　甘えび、セロリ、オレンジのシチリア風マリネ
49　帆立、かぶ、グレープフルーツのマリネ
52　えびの中華風マリネ
　　やりいか、焼きたけのこ、空豆のマリネ
53　あさりのオイスターマリネ
　　たこのサルデーニャ風マリネ

Main Dish With Marinade
56　たらのスパイスマリネ＆じゃがいも、トマトの重ね蒸し
58　金目鯛の味噌マリネ蒸し

お肉のマリネ

60　鶏肉のはちみつレモンマスタードマリネ
62　豚バラ肉とにんじんのバルサミコマリネ
63　豚しゃぶ肉と白菜のシーザーマリネ
66　牛しゃぶ肉のベトナム風マリネ
67　ひき肉とエリンギのカレーマリネ

Main Dish With Marinade
70　ヤムニョンテジカルビ（スペアリブの韓国風マリネ）
72　チキンとレモンのモロッコ風タジン
74　プロヴァンス風　仔羊のハーブマリネ

| スパイスやハーブとあわせるフルーツのマリネ
76　白桃のレモン・バニラマリネ
　　完熟いちごと山椒のマリネ
77　キウイとミントのカルピスマリネ
　　オレンジとタイムのオリーブオイルマリネ

マリネを作る前に

本書に掲載されたマリネを作る前に、知っておいていただきたいことをまとめました。実際に作りはじめる前に、必ずご一読ください。

a

使用する容器について

バット類 [*a*]
マリネードと素材を和えたあと、マリネする際には、平たいバット類に入れると、マリネードと素材が均一にからみやすくなります。本書では、主にバット類を使用しています。ステンレス、ガラス、ホウロウなど好みのものを。

ジッパー付き保存袋 [*b*]
しっかり口をとじることのできるジッパー付き保存袋なら、マリネードごと入れて、そのまま保存が可能です。平らにならして空気を抜き、冷蔵庫へ。食材によってはそのまま冷凍保存もできます(食べるときは、冷蔵庫に一晩おくか室温において、解凍を)。

b

お皿 [*c*]
フランスやイタリアの家庭では、お皿でマリネすることもしばしば。素材の厚みがそれほどない場合、マリネードが流れない程度の深さがあればOKです。

本書のレシピについて

[分量に関すること]
・本書の材料表や作り方での表記は、1カップ＝200㎖、大さじ1＝15㎖、小さじ1＝5㎖です。
・仕上がり分量は、特に明記のない場合は、3～4人分を目安としています。
・電子レンジは600Wのものを使用しています。電子レンジ、オーブン等は機種によって仕上がりに差が出る場合がありますので、様子を見ながら加減してください。

c

[作り方に関すること]
・特に明記のない場合は、マリネードをボウルで作り、その他の素材をしっかり和えてからバットなどの容器にうつし、マリネする方法をおすすめしています。使用する容器は耐熱製のものが安心です。ときどき、表裏を返してまんべんなくマリネードにからめましょう。
・マリネードの材料をあわせる際には、材料表の順に計ってボウルに入れ、混ぜ合わせてください。オイル類以外の材料を一旦軽く混ぜ合わせ、最後にオイル類を少しずつ足しながら混ぜ合わせると、分離することなくしっかりと混ざります。
・本書で「室温」とは24～25℃を想定しています。

[保存に関すること]
・マリネードと和え、時間をおく際、特に明記のない場合は必ずラップをかけ(またはふたをして)、冷蔵庫でおきます。室温でおく場合は明記してありますので、レシピにしたがってください。
・マリネを保存する場合は、ラップをかけ(またはふたをして)、冷蔵庫で保存してください。その際の保存日数の目安を、作り方の最後に《　》にて、当日、2日、3日と表記しています。

本書で使用する主な調味料

オイル類

オリーブオイルは2種を使い分けます。
マリナードや仕上げ用には風味がよく上質な
エクストラヴァージンオリーブオイル［a］を使用し、
加熱用にはオリーブオイル（ピュアオリーブオイル）［b］を
使用しています。
それぞれ、材料表にはEXVオリーブオイル、
オリーブオイルと表記します。
その他、和風や中華風の味付けの際には、
太白ごま油［c］やごま油［d］などを使用します。

酢、ヴィネガー類

マリナードに酸味を加えたい際に必須の酢、
ヴィネガー類。
白ワインヴィネガー［a］、赤ワインヴィネガー［b］、
バルサミコ酢［c］、米酢［d］などを使用します。

塩、こしょう、砂糖類

材料表に塩と記載したものは自然塩[b]を使用し、
粗塩と記載したものは粒が少し大きめのもの[a]です。
こしょうは、特に明記のない場合は、
粒白こしょう[c]をミルで挽いたものを使用しています。
その他、粒黒こしょう[d]も使用。
粗つぶしで使用する場合にはそのように明記しています。
砂糖は、特に明記のない場合は上白糖を使用。
その他、グラニュー糖や黒砂糖[e]などは、
それぞれ明記しています。

その他調味料

マリナードの風味を楽しむために、さまざまな調味料が
活躍します。マスタードはディジョン風マスタード[a]と
粒マスタード[b]の2種を使用。
ピリッとアクセントになるゆず胡椒[c]、
砂糖とは違った甘い風味を出してくれるはちみつ[d]、
中華風の辛みを加えたいときには豆板醤[e]、
また、ソース[f]やオイスターソース[g]なども使えます。

スパイス類

マリネ全体の風味のアクセントになるスパイス類。
調味料とともにマリナードに混ぜ合わせたり、
仕上げにふりかけたり、使い方はさまざまです。
a. クローブ
b. シナモン
c. ナツメグ
d. クミンシード
e. 花椒（ホアジャオ）
f. パプリカパウダー
g. キャラウェイシード
h. カイエンヌパウダー
i. ローズペッパー

ハーブ類

刻んでマリナードに加えたり、仕上げに使ったり。
フレッシュなものがおすすめです。
香りと味の両方を楽しんでください。
a. イタリアンパセリ
b. タイム
c. クレソン
d. 青じそ
e. ディル
f. パセリ
g. ローズマリー
h. 山椒
i. バジル
j. ペパーミント
k. ルッコラ
l. 香菜
m. セルフィーユ
n. オレガノ

野菜のマリネ

新鮮な野菜をたっぷり使って、季節の味のごちそうに。
素材の組み合わせと彩りを楽しみましょう。

アボカド、トマト、白身魚の
ゆず胡椒マリネ　(→p.16)

かぶとキャベツ、にんじんの
レモンマリネ (→p.16)

かぼちゃの
バルサミコクリームマリネ (→p.17)

じゃがいもの
たらこクリームマリネ (→p.17)

揚げ茄子とゴーヤ、長芋の香味マリネ (→p.18)

キャベツとスモークサーモンの
くるくるマリネ (→p.18)

白いんげん豆、玉ねぎ、
ツナのトスカーナ風マリネ
(→p.19)

キドニービーンズと
えびの味噌マリネ
(→p.19)

アボカド、トマト、白身魚のゆず胡椒マリネ (→p.10)

中南米の代表的マリネ「セビチェ」をゆず胡椒を使って作ります。
和えてすぐよりも、全体の味がなじむまで待った方がだんぜんおいしくなります。

材料
- アボカド 1個
- トマト（完熟したもの） 1個
- セロリ 1本
- きゅうり 1本
- 香菜 1株
- エンダイブ 適量
- 白身魚（生食用） 150g
  ※鯛やすずきなどがおすすめです
- 塩 少々
- レモン汁 ½個分
- EXVオリーブオイル 小さじ2
- ◎マリナード
  - ゆず胡椒 小さじ1
  - レモン汁 ½個分
  - EXVオリーブオイル 大さじ2

作り方

1 白身魚をマリネする。白身魚は薄切りにし、バットにレモン汁とEXVオリーブオイルの各半量をひいた上に並べる。軽く塩をふって、残りのレモン汁とEXVオリーブオイルをかける(a)。ラップをかけ、冷蔵庫で10分おく。

2 アボカドは半分にカットし(b)、種をとって皮をむき、一口大に切る。同様に、トマトも一口大に切る。

3 セロリは茎と葉に分ける。茎は筋を取り、1cm幅に切る。葉は、やわらかそうなところをちぎる。きゅうりは両端を切り落とし、縦半分に切ってから1cm幅に切る。香菜は葉の部分はちぎり、茎の部分はみじん切りにする。エンダイブは小さくちぎる。

4 ボウルにマリナードの材料すべてを表記順に入れてよく混ぜる。1の白身魚（マリネ液は入れない）と2、3の野菜、塩を加えて和える。容器にうつしてラップをかけ、冷蔵庫で15分おく。 《当日》

a b

かぶとキャベツ、にんじんのレモンマリネ (→p.11)

やさしい味の野菜を組み合わせて作るマリネ。
皮ごとたっぷり加えるレモンの酸味と苦みがアクセントになります。

材料
- かぶ（小） 4個
- にんじん ⅓本
- キャベツ 1〜2枚
  ※中のほうのやわらかいところがおすすめです
- 塩 小さじ½
- 無農薬レモン ½個
- 生ハム 4〜8枚（大きさによる）
- ◎マリナード
  - マヨネーズ 大さじ2
  - ディジョン風マスタード 小さじ1
  - 無糖ヨーグルト 大さじ4
  - 塩、こしょう 各適量
  - EXVオリーブオイル 大さじ1

作り方

1 かぶはやわらかそうな葉の部分は残して皮をむき、放射状に6〜8等分に切る(a)。にんじんは長さを半分にしてから薄切りにして、1cm幅に切る。キャベツは1cm幅に切る。ボウルに入れ、塩をまぶし、10分おく。

2 レモンは極薄切りにしてから6〜8等分のいちょう切りにする。生ハムは2〜4等分に切る。

3 ボウルにマリナードの材料すべてを表記順に入れてよく混ぜる。

4 1の野菜の水気を手でぎゅっとしぼって3に加え、2とともによく和える。容器にうつしてラップをかけ、冷蔵庫で30分おく。《3日》

かぼちゃのバルサミコクリームマリネ (→p.12)

アツアツのかぼちゃをマリナードと和えるのが、おいしさの秘密。
ぎゅんっ！と、かぼちゃが味を吸ってくれます。

材料
かぼちゃ　¼個（約450g）
塩　少々
ローズマリー（みじん切り）　小さじ½
レーズン　大さじ2
◎マリナード
　バルサミコ　大さじ2
　塩、こしょう　各適量
　生クリーム　100㎖
　※乳脂肪分36〜38%のものを使用
　EXVオリーブオイル　大さじ1

作り方
1　ボウルにマリナードの材料すべてを表記順に入れてよく混ぜる。
2　かぼちゃは種を取りのぞき、皮を洗って水気をきる。軽く塩をふり、竹串がすっと刺さるまで蒸すか、ラップでくるんで電子レンジで加熱する。1cm幅に切り(a)、熱いうちに1に入れてさっと混ぜる。ローズマリー、レーズンを加えて混ぜ、容器にうつしてラップをかけ、室温になるまでおく。　《3日》

※食べるときは冷蔵庫から出し、室温にしてからがおすすめです。

a

じゃがいものたらこクリームマリネ (→p.12)

生クリームを使って作るクリームタイプのマリナードは
じゃがいも、ゆで卵と相性がぴったり。

材料
じゃがいも　4個
レモン汁　小さじ1
ゆで卵　1個
マスタードスプラウト（または貝割れ菜）　適量
◎マリナード
　たらこ　½腹分
　生クリーム　100㎖
　※乳脂肪分36〜38%のものを使用
　塩、こしょう　各適量
　EXVオリーブオイル　大さじ2

作り方
1　マリナードを作る。たらこは薄皮をむいておく。ボウルにマリナードの材料すべてを表記順に入れてよく混ぜる。
2　じゃがいもは皮ごと蒸す。熱いうちに皮をむき、1に入れてレモン汁を加え、木べらで4〜5等分に切り混ぜる(a)。室温になるまでおく。
3　容器にうつし、粗みじん切りにしたゆで卵とマスタードスプラウトを散らす。　《3日》

a

揚げ茄子とゴーヤ、長芋の香味マリネ (→p.13)

揚げ茄子はマリナードがしみてよりおいしく、ゴーヤは苦みがやわらぎます。
食感のアクセントに長芋をプラスしました。

材料
茄子　3本
ゴーヤ　½本
長芋　10cm
長ねぎ　10cm
揚げ油　適量
◎マリナード
　砂糖　小さじ1
　豆板醤　小さじ1〜1½
　米酢　大さじ3
　醤油　大さじ4
　ごま油　大さじ2
　しょうが（すりおろし）　小さじ2

作り方
1　ボウルにマリナードの材料すべてを表記順に入れてよく混ぜる。
2　茄子はヘタを取り、揚げる直前に6〜8等分の乱切りにする（すぐに揚げれば、水につけてアク抜きをしなくてもよい）。ゴーヤは5mm厚さの輪切りにし、種とわたをスプーンの柄などでくり抜く（a）。長芋は皮をむき、3等分の長さに切り、それぞれを縦に4〜6等分に切る。
3　野菜を素揚げする。長芋、ゴーヤ、茄子の順でそれぞれ揚げ、その都度油をきったらすぐに1に加えて和える。太めのせん切りにした長ねぎも加え、容器にうつして室温になるまでおく。　　　　　　　　　《3日》

※このマリネは冷たすぎないほうがおいしいので、冷蔵庫にしまっていた場合は、出して10分ほど経ってから食べてください。

a

キャベツとスモークサーモンのくるくるマリネ (→p.14)

クリームチーズと一緒にシガレット風（葉巻形）に巻いて仕上げます。
そのままマリネしても、カットして並べてもOKです。

材料
キャベツ　4枚
※中のほうのやわらかいところがおすすめです
スモークサーモン　16枚
クリームチーズ（キューブタイプ）　6個
（約110g）
◎マリナード
　ディジョン風マスタード　小さじ2
　塩、こしょう　各適量
　レモン汁　大さじ2
　EXVオリーブオイル　大さじ4

作り方
1　キャベツは塩ゆでする。氷水で急冷し、芯の部分を取りのぞいて半分に切り、水気をよくきる。クリームチーズは1個を棒状に3等分する。キャベツにスモークサーモン2枚をおく。その上にカットしたクリームチーズを横に並べて2つおき、端から巻く（a）。
2　ボウルにマリナードの材料すべてを表記順に入れてよく混ぜる。
3　1を3等分して容器に並べ、2をまわしかける。ラップをかけ、冷蔵庫で15分以上おく。　　　　　《2日》

a

白いんげん豆、玉ねぎ、ツナのトスカーナ風マリネ （→p.15）

白いんげん豆は缶詰を使っても。乾燥豆をゆでるときは、やわらかめにゆでるのがおすすめ。
マリナードとなじんでおいしくなります。

材料
白いんげん豆
（下ゆでしたもの。缶詰でも可）　1カップ
紫玉ねぎ　1/4個
プチトマト　10個
ツナ　1/2缶（約70g）
イタリアンパセリ（またはパセリ）　ひとつまみ
◎マリナード
　レモン汁　大さじ2
　塩、こしょう　各適量
　EXVオリーブオイル　大さじ6

作り方
1　ボウルにマリナードの材料すべてを表記順に入れてよく混ぜる。
2　紫玉ねぎは薄切りにする。プチトマトはヘタを取り、半分に切る。
3　1に2と白いんげん豆、ツナ、ちぎったイタリアンパセリを加えて和える。容器にうつしてラップをかけ、室温で15〜30分おく。　《2日》

※乾燥豆を使用する場合、たっぷりの水に一晩浸けてから（a）、やわらかくなるまでゆでてください

a

キドニービーンズとえびの味噌マリネ （→p.15）

豆、オクラ、えびのきれいな彩りが印象的。
しっかりした味噌味に、隠し味でラー油を加えました。

材料
キドニービーンズ（金時豆）水煮缶　1缶
（固形量240gのもの）
無頭えび（殻付き）　10尾
日本酒　小さじ2
オクラ　8本
塩　少々
◎マリナード
　砂糖　大さじ1
　米酢　大さじ1 1/2
　味噌　大さじ2
　ごま油　小さじ1
　ラー油　少々

作り方
1　キドニービーンズは缶汁をきっておく。オクラは塩ゆでする。冷めてから1cm幅に切る。えびは竹串などで背わたを取りのぞく。オクラをゆでたあとの湯に日本酒を入れ、えびをゆでる。氷水にとり、冷めたら殻をむく。
2　ボウルにマリナードの材料すべてを表記順に入れてよく混ぜる。1を加えて和える。容器にうつしてラップをかけ、室温で15〜30分おく。　《2日》

焼きれんこんの粒マスタードマリネ

焼いたれんこんは、驚くほど甘くなります。特に旬の時期の出初めものがおすすめ。
食感の楽しさに、ひと節分を一人であっという間に食べてしまうほどのおいしさです。

材料
れんこん　ひと節（約300g）
くるみ　5〜6個
◎マリナード
　白ワインヴィネガー　大さじ1
　レモン汁　大さじ1
　塩、こしょう　各適量
　にんにく（すりおろし）　小さじ½
　粒マスタード　大さじ1
　EXVオリーブオイル　50ml

作り方
1　くるみは150℃のオーブンで10分ほどローストし、3〜4等分にする。
2　ボウルにマリナードの材料すべてを表記順に入れてよく混ぜる。
3　れんこんは皮をむき、グリルパン（または魚焼き網）を弱火〜中火にかけ、ときどき転がしながら30分ほど焼く。金串が中心にすっと通るようになったら、熱いうちに薄切りにする。
4　3のれんこんを2に加えて和え、1のくるみも加える。容器にうつしてラップをかけ、室温で30分おく。　　　　　　　　　〈3日〉

焼きパプリカのバルサミコマリネ

パプリカは焼いたほうが、このマリネにはおすすめ。
少し焦げ目がついたあとの香りがバルサミコとよく合います。

材料
パプリカ(赤、黄色) 各1個
粒塩 少々
◎マリナード
　バルサミコ 小さじ2
　塩、こしょう 各適量
　EXVオリーブオイル 大さじ2

作り方
1 パプリカは直火(中火)で真っ黒になるまで焼き、氷水にとって急冷する。手早く皮をむいて、種とヘタを取りのぞく。4～6等分に切り、軽く塩(分量外)をふる。パプリカから出た汁はとっておく。
※アルミホイルで包み、180℃に温めておいたオーブンで20分ほど焼いてもよい。薄皮がむけるくらいになったら取り出します。この場合は氷水につけずに皮がむけます。

2 ボウルにマリナードの材料すべてを表記順に入れてよく混ぜる。

3 2に1のパプリカを汁ごと加えて和える。容器にうつして粒塩をふり、ラップをかけ、室温で15分おく。〈4～5日〉

焼きわけぎと花椒、レモンのアンチョビマリネ

わけぎを上手に焼くコツは、強めの火加減でさっと!
歯ごたえや香りは残りつつも、甘みもでてきてとてもおいしくなります。

材料
わけぎ(青ねぎ) 2束
無農薬レモン ½個
アンチョビフィレ 5〜6枚
塩 少々
◎マリナード
　レモン汁 ½個分
　花椒 小さじ2
　醤油 小さじ1
　EXVオリーブオイル 大さじ3

作り方
1 マリナードを作る。鍋に花椒を入れて弱火にかけ、焦がさないように炒る。香りが出たら冷まし、すり鉢で粉状にしておく。ボウルにマリナードの材料すべてを表記順に入れてよく混ぜる。
2 レモンは薄切りに、アンチョビフィレはせん切りにする。わけぎは根元を切り落とし、根元の太い部分は縦半分に切る。全体を8cmほどの長さに切る。グリル(または魚焼き網)を中火にかけ、焼き目がつくくらいまで両面を焼き、軽く塩をふる。
3 2のわけぎが熱いうちに2のアンチョビ、レモンとともに1に加えて和える。容器にうつしてラップをかけ、室温で10分おく。　　　　　　　　(2日)

[花椒(ホアジャオ)]中国の乾燥させた山椒。特に四川料理でよく使われます。香りが強く、舌がしびれるような辛みが特徴です。

焼きしいたけとトマトのマリネ

肉厚のしいたけを選んで、丸ごと使います。
角切りトマトとの相性もバッチリで、立派なごちそうに。

材料
しいたけ　10枚
トマト　1個
塩　少々
イタリアンパセリ　適量
◎マリナード
　醤油　大さじ2
　米酢　大さじ2
　ケーパー（粗みじん切り）　小さじ1
　EXVオリーブオイル　大さじ4
　レモンの皮（すりおろし）　1/4個分

作り方
1　トマトは湯むきして種を取りのぞく。小角に切り、軽く塩をふる。
2　ボウルにマリナードの材料すべてを表記順に入れてよく混ぜる。1のトマトを加え、混ぜ合わせておく。
3　しいたけは、軸を切り取り、グリルパン（または魚焼き網）を中火にかけて両面を焼き、軽く塩をふる。
4　2に3のしいたけを加えて和える。容器にうつしてイタリアンパセリを散らし、ラップをかけ、室温で30分おく。　《3日》

きゅうりの四川風マリネ (→p.26)
きゅうりのビールマリネ (→p.26)
にんじんの黒こしょうマリネ (→p.27)

にんじんの味噌マリネ （→p.26）

茄子のベトナム風マリネ （→p.27）

茄子の白ワインマリネ （→p.27）

きゅうりの四川風マリネ (→p.24)

ピリリと辛みをきかせた中華風の味付け。
味がのりにくいきゅうりは、小技をきかせた切り方をしてからマリナードへ

材料
きゅうり 2本
塩 小さじ2
水 小さじ2
太白ごま油（またはサラダオイル） 大さじ1
ごま油 大さじ1
糸唐辛子 ひとつまみ
◎マリナード
　砂糖 大さじ2
　米酢 大さじ1½
　しょうが（せん切り） 大さじ1
　唐辛子（輪切り） ½本分
　花椒 小さじ2

作り方
1 きゅうりは両端を切り落とし、縦半分に切り、切り込みを斜めに入れてから5〜6等分に切る(a)。塩と水と和え、5分おく。手でよく水気をしぼる。
2 マリナードを作る。鍋に花椒を入れて弱火にかけ、焦がさないように炒る。香りが出たら冷まし、すり鉢で粉状にしておく。ボウルにマリナードの材料すべてを表記順に入れてよく混ぜる。
3 1のきゅうりを2に加えて和え、容器にうつす。
4 小鍋に太白ごま油とごま油を入れて熱し、3の上からまわしかける。糸唐辛子を散らしてラップをかけ、室温で15分おく。《当日》

a

きゅうりのビールマリネ (→p.24)

意外な組み合わせが、絶品のマリネに！
残って気の抜けたビールでもじゅうぶんおいしく作れます。

材料
きゅうり 3本
◎マリナード
　砂糖 大さじ5／塩 大さじ1
　ビール 80㎖
　唐辛子（種を取る） 1本

作り方
1 きゅうりは両端を切り落とす。渋そうなところは皮をむいておく。4等分に切る。
2 ジッパーつき保存袋にマリナードの材料すべてと1のきゅうりを入れ、空気を抜くようにして口をとじる。手で30秒もんで砂糖と塩をとかし、冷蔵庫で一晩（6時間）おく。《2日》

にんじんの味噌マリネ (→p.25)

生のにんじんを皮ごと使いますが、好みで皮をむいても。
ポリポリした食感は時間が経っても楽しめます。

材料
にんじん 2本
◎マリナード
　味噌（信州味噌タイプ） 大さじ3
　砂糖 大さじ3／みりん 大さじ1
　米酢 大さじ2
　太白ごま油（またはサラダオイル） 大さじ2
　ごま油 大さじ1

作り方
1 にんじんは皮つきのまま、5mm厚さの輪切りにする。
2 ボウルにマリナードの材料すべてを表記順に入れてよく混ぜる（味噌の塩加減により、みりんの量を加減する）。
3 2に1のにんじんを加えて和える。容器にうつしてラップをかけ、室温で1時間おく。《2日》

にんじんの黒こしょうマリネ （→p.24）

太めのせん切りにしたにんじんの歯ごたえと
あとからくる黒こしょうのぴりっとした辛みがアクセントになります。

材料
にんじん　2本
◎マリナード
　醤油　大さじ2／米酢　大さじ2
　EXVオリーブオイル　大さじ2
　黒こしょう（粗つぶし）　小さじ2

作り方
1　にんじんは皮つきのまま、長さを2～3等分してから、太めのせん切りにする。
2　ボウルにマリナードの材料すべてを表記順に入れてよく混ぜる。
3　1を2に加えて和える。
容器にうつしてラップをかけ、室温で30分おく。　　《3日》

茄子のベトナム風マリネ　（→p.25）

茄子に味がしっかりしみ込んで、
室温で食べても、冷やして食べてもおいしいマリネに。

材料
茄子　4本
フライドオニオン（市販）　大さじ2
香菜の葉　1株分
◎マリナード
　砂糖　小さじ4
　にんにく（みじん切り）　小さじ1
　レモン汁　大さじ2
　ニョクマム（ナンプラー）　大さじ2
　粉唐辛子　ひとつまみ
　香菜の茎（みじん切り）　1株分

作り方
1　ボウルにマリナードの材料すべてを表記順に入れてよく混ぜる。
2　茄子は包丁で皮に縦に切り込みを4～5ヵ所入れ、グリルパン（または魚焼き網）を中火にかけ、ときどき転がしながら焼く。竹串を刺して、すっと通るまで火が通ったら粗熱を取り、竹串などを使って皮をむく(a)。
3　2がまだ熱いうちに容器に並べ、1をまわしかける。室温で15～30分おく。ときどき、上下を返すとよい。食べるときにフライドオニオン、香菜の葉を散らす。　　《2日》

※フライドオニオンを自分で揚げる場合は、玉ねぎ（薄切り）½個分をたっぷりの水で10分さらし、キッチンペーパーを使ってしっかり水気をきってから、素揚げにしてください。

a

茄子の白ワインマリネ（→p.25）

焼いた茄子をワインに漬けるだけの簡単マリネ。
よく冷やして食べるのがおすすめです。

材料
茄子　4本
オリーブオイル　50㎖
塩　少々
◎マリナード
　白ワイン　200㎖
　塩　小さじ½
　オレガノの葉　20枚ほど

作り方
1　ボウルにマリナードの材料すべてを表記順に入れてよく混ぜる。
2　茄子はヘタを取り、皮をむいて3cm厚さに切る。
3　フライパンを中火にかけてオリーブオイルの半量を入れ、茄子を焼く。うっすら焼き色がついたら裏返し、残りのオイルをまわし入れ、軽く塩をふって、茄子がやわらかくなるまで焼く。
4　焼けたらすぐに1に加えて和え、そのまましっかりと冷ます。粗熱が取れたらラップをかけ、冷蔵庫で6時間おく。　　《3日》

※アルコールが苦手な方は、ワインを中火にかけ、沸騰してから弱火で7～8分ことこと煮て、アルコール分を飛ばしてから作ってください。

プチトマトと
オレンジのマリネ（→p.32）

大根の
韓国風マリネ（→p.32）

瓶で作るマリネ

小さく切った野菜なら瓶でもマリネが作れます。
ふた付きの容器を使えば、そのままおもたせにも。

ブロッコリーの
酒粕マリネ（→p33）

カリフラワーの
カレーマリネ（→p33）

紫キャベツと
ブルーベリーのマリネ (→p34)

枝豆と小梅の
和風マリネ (→p34)

焼きアスパラの
豆板醤マリネ （→p35）

長ねぎの
ひとくちマリネ （→p35）

プチトマトとオレンジのマリネ （→p.28）

オレンジの香りがマリナードにうつって爽やかな風味に。
粉唐辛子は好みで入れても入れなくても。女性に大人気のマリネです。

材料
プチトマト（赤、黄色） 各15個
揚げ油　適量
◎マリナード
　砂糖　100g
　米酢　100㎖
　粉唐辛子　ひとつまみ
　オレンジ　1個

作り方
1　ボウルにマリナードの材料すべてを表記順に入れてよく混ぜる。オレンジは皮ごとぶつ切りにしてから手でしぼり、果汁を入れたのち、果肉もそのまま加える。
2　プチトマトはヘタをつけたまま、包丁で小さな切り込みを入れ、180℃に熱した油でさっと揚げ、薄皮を取りのぞく。
3　1に2を加えて和える。容器にうつしてラップをかけ、室温で3時間おく。　《2日》

大根の韓国風マリネ （→p.28）

にんにく、しょうが、唐辛子を使ったマリナードにつけるのに、
不思議なことに、大根の甘みがほんのりと増します。

材料
大根　15cm（約550g）
塩　小さじ2
長ねぎ　5cm
にんにく（スライス）　½片分
しょうが（スライス）　3枚
唐辛子（種を取って輪切り）　½本分
◎マリナード
　大根のしぼり汁（※作り方2参照）
　砂糖　小さじ1
　塩　小さじ1

作り方
1　大根は皮つきのまま、2cm角に切る。ボウルに入れ、塩をまぶしてラップをかけ、室温で1時間おく。
2　1の大根の水気を手でよくしぼり、容器にうつす。このとき、しぼり汁と1のボウルに出た水分は捨てない。長ねぎは太めのせん切りにし、しょうが、にんにく、唐辛子とともに容器に加える。
3　2でとっておいた汁と水（分量外）を合わせて400㎖にし、砂糖、塩とともに2に加えてよく混ぜる。砂糖と塩がとけたら、ラップをかけ、冷蔵庫で6時間おく。途中、2〜3回混ぜるとよい。　《7日》

ブロッコリーの酒粕マリネ （→p.29）

ブロッコリーは少しかためにゆで、しっかり食感を残して。
酒粕の芳醇な香りが食欲をそそる一品。

材料
ブロッコリー（小） 1個（約250g）
塩 少々
◎マリナード
　酒粕 80g
　※練り粕がおすすめ
　砂糖 大さじ1〜1½
　塩 小さじ½
　みりん 大さじ1
　太白ごま油（またはサラダオイル） 大さじ2

作り方
1 ボウルにマリナードの材料すべてを表記順に入れてよく混ぜる。
2 ブロッコリーは少しかために塩ゆでする。しっかり水気をきり、1のマリナードに加えて和える。
3 容器にうつして冷めたら、ラップをかけ冷蔵庫で3時間おく。途中、2〜3回返すように混ぜるとよい。 《2日》

カリフラワーのカレーマリネ （→p.29）

スパイシーなカレーの風味と酸味が絶妙なバランス。
カリフラワーは生のままマリナードへ。

材料
カリフラワー ½個（約250g）
◎マリナード
　水 100㎖
　米酢 200㎖
　砂糖 小さじ2
　塩 小さじ2
　カレー粉 小さじ1½〜2
　ローリエ 2枚

作り方
1 カリフラワーは小房に分け、容器に入れる。
2 マリナードの材料をすべて小鍋に入れて中火にかけ、沸騰させる。2〜3分したら火を止めて1に注ぎ入れ、完全に冷めるまでラップをして室温におく。
3 2を冷蔵庫で6時間おく。カレー粉が沈殿してしまうので、途中2〜3回混ぜること。 《7日》

※時間が経つと酸味がやわらいでいきます。

紫キャベツとブルーベリーのマリネ (→p.30)

紫キャベツはマリネしても、繊維がシャキシャキのまま！
ブルーベリーのぷちぷちとした食感と楽しんで。

材料
紫キャベツ　4枚
塩　小さじ1/4
ブルーベリー　30粒ほど
◎マリナード
　砂糖　小さじ1
　ディジョン風マスタード　小さじ1
　塩、こしょう　各適量
　キャラウェイシード　小さじ2
　白ワインヴィネガー　大さじ1
　太白ごま油（またはサラダオイル）　大さじ3

作り方
1　紫キャベツはせん切りにする。塩をまぶして10分ほどおき、手でよく水気をしぼる。
2　ボウルにマリナードの材料すべてを表記順に入れてよく混ぜる。
3　1のキャベツとブルーベリーを2に加えて和える。容器にうつしてラップをかけ、冷蔵庫で15分おく。　　　　《3日》

枝豆と小梅の和風マリネ (→p.30)

だし風味のマリナードが口当たりやさしく、
枝豆と小梅がつぶつぶとした見た目も愛らしいマリネ。

材料
枝豆（さやつき）　300g（正味140g）
小梅　10粒
塩　大さじ2
◎マリナード
　和風だし　200㎖
　砂糖　小さじ1
　塩　適量
　薄口醤油　大さじ1

作り方
1　マリナードの材料をすべて小鍋に入れて軽く沸騰させる。容器に入れ、完全に冷ます。
2　枝豆はさやの両端を切り落とす。鍋に2ℓの湯を沸かし、塩を入れて好みのかたさにゆでる。ざるに広げて冷まし、豆を取り出して薄皮を取る。
3　2の枝豆と小梅を1に入れて混ぜ、ラップをかけて冷蔵庫で5〜6時間おく。《3〜4日》

［キャラウェイシード］かむと爽やかな香りが立ち、若干の甘みと苦みがあります。ドイツのザワークラウト（キャベツの酢漬け）に欠かせないスパイスの一つです。

焼きアスパラの豆板醤マリネ (→p.31)

深さのある瓶ならではのアイデアで
アスパラガスをギュッと詰めて、マリナードにつけました。

材料
アスパラガス　10本
塩　少々
◎マリナード
　中華スープ　350ml
　※市販の中華スープの素を表示通りにといて、
　　冷ましたもの
　砂糖　小さじ½
　塩　適量
　豆板醤　小さじ½〜1
　米酢　小さじ1
　薄口醤油　小さじ5
　ごま油　小さじ1

作り方
1　マリナードの材料をすべて小鍋に入れ、中火にかけて軽く沸騰させる。粗熱をとり、容器に入れる。
2　アスパラガスは根元のかたい部分を切り落とし、皮のかたいところをピーラーでむく。容器に合わせた長さに切る。グリルパン（または魚焼き網）を中火にかけ、時々転がしながら、焼き目がつくくらいまで全体を焼き、軽く塩をふる。
3　1に2のアスパラガスを入れてラップをかけ、室温になるまでおく。　　　　　《3日》

長ねぎのひとくちマリネ (→p.31)

ナイフやおはしでは切りづらい長ねぎは、一口サイズにするのがおすすめ！
とろりとしたマリナードとしっかり和えましょう。

材料
長ねぎ　2本
塩　少々
◎マリナード
　はちみつ　小さじ1
　レモン汁
　（または白ワインヴィネガー）　大さじ2
　塩、こしょう　各適量
　ディジョン風マスタード　小さじ2
　太白ごま油
　（またはサラダオイル）　大さじ6
　ローズペッパー　小さじ1

作り方
1　長ねぎは3cmほどの長さに切り、蒸気の上がった蒸し器に入れる。軽く塩をふり、やわらかくなるまで7〜8分蒸す。
2　ボウルにマリナードの材料すべてを表記順に入れてよく混ぜる。
3　1の水気をよくきり、熱いうちに2に加えて和える。容器にうつしてラップをかけ、室温になるまでおく。　　　　　《7日》

お米のマリネ （→p.38）

パンのマリネ （→p.38）

野菜と組み合わせておいしい
いろいろな素材のマリネ

意外な素材がマリネの主役に。
独特の食感を楽しみましょう。

ポーチドエッグの
マリネ （→p.39）

豆腐のマリネ （→p.39）

お米のマリネ (→p.36)

羊のミルクで作るペコリーノチーズは塩味がきいていて、お米との相性抜群。
クリームチーズやパルミジャーノ、モッツァレラチーズにかえてもおいしい。

材料
白米　1合(約150g)
オリーブオイル　小さじ1
紫玉ねぎ　1/4個
※玉ねぎでも可。
ドライトマト(オイル漬け)　4枚
アンチョビフィレ　5枚
ケーパー(小粒)　大さじ2
ペコリーノチーズ　100g
トレビス(小さめのもの)　6枚
イタリアンパセリ(みじん切り)　大さじ1
レモン汁　大さじ1
塩、こしょう　各少々
◎マリナード
　白ワインヴィネガー　大さじ2
　ディジョン風マスタード　小さじ1
　塩、こしょう　各適量
　EXVオリーブオイル　大さじ6

作り方
1　白米をゆでる。白米は洗ってざるに上げ、水気をきる。鍋にたっぷりの湯を沸かし、オリーブオイル、塩少々とともに入れ中火にする。ぐらぐらと煮立てると、白米が割れて食感が悪くなるので、状態を見ながら火加減する。食べてみて、ほんのり芯が残る程度のかたさになったらざるに上げる。たっぷりの水をまわしかけて急冷する。布巾にはさんで水気をしっかりきる(a)。
2　紫玉ねぎはみじん切りにする。ドライトマトとアンチョビフィレはみじん切りにする。ペコリーノチーズは5mmの角切りにする。トレビスは一口大にちぎる。
3　ボウルにマリナードの材料すべてを表記順に入れてよく混ぜる。
4　3に1、2、イタリアンパセリ、レモン汁を加えて和える。塩、こしょうで味を調える。容器にうつしてラップをかけ、室温で15分おく。

《3日》

a

パンのマリネ (→p.36)

イタリア・トスカーナ地方のパンツァネッラをマリネとして紹介しました。
水でマリネしてやわらかくなったパンが、他の具材とよくなじみます。

材料
パン　1/8個分(約150g)
※パンドカンパーニュ(田舎パン)などしっかり焼き上げたかためのパンを使ってください。2～3日経ったものがおすすめです。
玉ねぎ　1/4個／フルーツトマト　1個
きゅうり　1/2本／セロリ　1/2本
バジル(大)　5枚
生ハム　2～4枚(大きさによる)
◎マリナード
　A：水　100ml
　B：赤ワインヴィネガー　大さじ1
　　塩、こしょう　各適量
　　EXVオリーブオイル　50ml

作り方
1　パンを2cm角ほどの乱切りにし、水(マリナードA)をふり混ぜ、30分おく。手でかたくしぼる(a)。
2　玉ねぎは薄切り、トマトは8等分、きゅうりは輪切り、セロリは筋を取ってから5mm厚さに切る。バジルは粗みじん切り、生ハムは一口大に切る。
3　ボウルにマリナードBの材料すべてを表記順に入れてよく混ぜる。1、2を加えて和え、塩、こしょうで味を調える。容器にうつしてラップをかけ、冷蔵庫で30分おく。

《当日》

a

ポーチドエッグのマリネ (→p.37)

時間をおくことで、マリナードのさまざまな風味が卵とからみ合います。
とろりとした半熟の黄身とマリナードの具を混ぜながらいただきましょう。

材料
卵　4〜6個
米酢　小さじ2
ベーコン　4枚
塩　少々
◎マリナード
　玉ねぎ（みじん切り）　大さじ4
　パセリ（粗みじん切り）　大さじ2
　トマト（小角切り）　1個分
　種無しの黒オリーブ（輪切り）　4個分
　小さめのきゅうりのピクルス（輪切り）　6本
　塩、こしょう　各適量
　EXVオリーブオイル　80㎖

作り方
1　ポーチドエッグを作る。小鍋に湯を沸かし、米酢を入れる。スプーンなどでかき混ぜて渦を作った中に卵を割り入れ、2〜3分加熱する(a)。濡らしてからかたくしぼった布巾の上に取り出し、塩をふる(b)。
2　ボウルにマリナードの材料すべてを表記順に入れてよく混ぜる。
3　ベーコンは5mm幅に切る。フライパンを中火にかけ、ベーコンを入れてカリッと焼く。熱いうちに2に加える。
4　1を容器にうつして、3をまわしかける。ラップをかけ、室温で30分おく。

《当日》

a　b

豆腐のマリネ (→p.37)

時間をかけてしっかり水切りした豆腐は、普段とはまったく違う味と食感に！
マリナードがからんで味がなじみやすくなるように、あえて手でちぎります。

材料
木綿豆腐　1丁
クレソン　1束
◎マリナード
　米酢　小さじ2
　砂糖　大さじ1
　薄口醤油　大さじ2
　白すりごま　大さじ4
　太白ごま油　大さじ2

作り方
1　木綿豆腐は厚手の布巾にしっかり包み(a)、冷蔵庫で6時間おいて水をきる(b)。
2　ボウルにマリナードの材料すべてを表記順に入れてよく混ぜる。
3　2に1の豆腐を手で一口大にちぎって加え、和える。容器にうつしてラップをかけ、冷蔵庫で30分おく。食べる直前に、ざく切りにしたクレソンを加えて、軽く和える。

《当日》

a　b

魚介のマリネ

野菜とシーフードは人気の組み合わせ。
お酒にもよくあうとっておきレシピです。

豆あじと紫玉ねぎのマリネ

二度揚げした豆あじは香ばしく、丸ごと骨までいただけます。
色がきれいな紫玉ねぎにセルフィーユとレモンの皮を散らして。

材料
豆あじ　12〜15尾
薄力粉　大さじ3〜4
塩、こしょう　各少々
揚げ油　適量
セルフィーユ　ひとつまみ
◎マリナード
　白ワイン　150㎖
　白ワインヴィネガー　100㎖
　砂糖　40g
　紫玉ねぎ(薄切り)　½個分
　シナモンスティック　½本
　ナツメグ　少々
　クローブ　3本
　レモンの皮(せん切り)　2〜3片分

作り方
1　マリナードを作る。鍋に白ワイン、白ワインヴィネガー、砂糖を入れ、沸騰したら紫玉ねぎ、シナモンスティック、ナツメグ、クローブ、レモンの皮を加え、弱火で5分ほど煮る。室温まで冷ます。
2　豆あじは手で内臓を取りのぞき(a、b)手早く水洗いをする(豆あじの場合、ぜいごはとらなくてもよい)。水気をよくきって全体に塩をふり、平ざるにのせて(バットなどを下に敷き)冷蔵庫で10分おく。
3　2の表面に浮いた水分をキッチンペーパーでよく拭き取る。こしょうをふって薄力粉をまぶし、170℃に熱した油で揚げる。ところどころ、薄く色づいたらいったん取り出す。油を200℃に上げ、もう一度揚げる。全体にきつね色になったら取り出す(c)。
4　容器に並べ、熱いうちに1のマリナードをまわしかけて室温になるまでおく。食べる直前に、セルフィーユを散らす。　　　　　　　　　　《2日》

※室温になったら食べられますが、3時間くらいマリネするとマリナードが
しっかりしみ込んでおいしくなります。その際は途中で裏返しましょう。

a　　　b　　　c

角切りサーモンといくらのマリネ
サワークリーム添え　（→p.44）

いわしの
和風マリネ
(→p.45)

まぐろの
黒こしょう、
赤ワインマリネ
(→p.45)

角切りサーモンといくらのマリネ サワークリーム添え (→p.42)

食べ応えがあるよう、サーモンは角切りにしてマリネします。
仕上げにサワークリームとケーパーでアクセントをプラス。

材料
鮭(生食用)　300g
塩　小さじ1½
砂糖　小さじ⅔
EXVオリーブオイル　大さじ3
ディルの葉　5〜6本分
玉ねぎ　½個
いくら　大さじ3
サワークリーム　大さじ5
ケーパー　小さじ2

作り方
1　鮭は血合いの部分を包丁ですき取る(a)。
2　塩と砂糖を混ぜ、鮭の全体にまぶす。ジッパーつき保存袋に入れ、空気を抜いて密封し、冷蔵庫で2時間おく。
3　2の鮭の表面に浮いた水分をキッチンペーパーでよく拭き取る。1.5cmほどの角切りにする。容器に入れ、EXVオリーブオイルとディルの葉をまぶして(b)ラップをかけ、冷蔵庫で1時間おく。
4　食べる直前に、薄切りにした玉ねぎといくらを加えて和え、サワークリームをところどころに落とし、ケーパーを散らす。　〈2日〉

a　　b

[ケーパー] 地中海沿岸が原産のフクチョウボクという木の花のつぼみで、ピクルス(塩とともに酢漬け)にしたものが一般的。独特の爽やかな風味と酸味は、魚介類とよくあいます。そのほか、サラダや肉料理の添えものとしても使え、小さな粒ですが存在感があり料理のアクセントになります。

いわしの和風マリネ （→p.43）

すだちとしょうがが、いわしをさっぱりとした味わいにしてくれるマリネ。
かつおだしを使った和風マリナードとよく合います。

材料
いわし（生食用）　4〜5尾
塩　大さじ1
米酢　大さじ2
長ねぎ（せん切り）　8cm分
しょうが（せん切り）　大さじ1
すだち（スライス）　4枚
青じそ　2枚
◎マリナード
　かつおだし　50mℓ
　※市販の素を表示通りにといて、冷ましたもの
　米酢　大さじ2
　醤油　小さじ1
　太白ごま油　大さじ2

作り方
1　いわしは頭を落とし、内臓を取りのぞいて水洗いする。3枚におろす。両面に塩をふり、平ざるにのせて（バットなどを下に敷き）冷蔵庫で30分おく。
2　1のいわしの表面に浮いた水分をキッチンペーパーでよく拭き取る。皮目を下にして容器に並べて米酢をふり、冷蔵庫で10分ほどおいてしめ、皮を取る（a、b）。
3　ボウルにマリナードの材料をすべて入れてよく混ぜる。
4　2のいわしを長ねぎとしょうがでサンドしながら容器に並べ、マリナードをまわしかける。ざく切りにした青じそを散らし、すだちをのせる。ラップをかけ、冷蔵庫で30分おく。《当日》

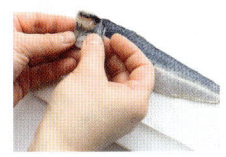

まぐろの黒こしょう、赤ワインマリネ （→p.43）

新鮮なまぐろがおすすめ（旬の時期にはかつおでもOK）。
高価な部位を選ばなくても、マリネすることでねっとりとした食感が生まれ、おいしくなります。

材料
まぐろの赤身（生食用）　150g
塩　小さじ½
黒砂糖　ひとつまみ
わかめ　80g
※ここでは塩蔵わかめを使用。水で戻してざるに上げ、熱湯をまわしかけて氷水で急冷します。
塩　少々
EXVオリーブオイル　大さじ1
みょうが　2個
パルミジャーノ・レッジャーノチーズ　適量
◎マリナード
　醤油　大さじ1
　バルサミコ　小さじ2
　赤ワイン　大さじ2
　EXVオリーブオイル　小さじ1
　黒こしょう（粗つぶし）　小さじ2

作り方
1　まぐろは両面に塩と黒砂糖をまぶし、ラップをかけ、冷蔵庫で1時間おく。
2　ボウルにマリナードの材料すべてを表記順に入れてよく混ぜる。
3　1のまぐろの表面に浮いた水分をキッチンペーパーでよく拭き取る（a）。一口大の三角形に切って2に加えて和える。容器にうつしてラップをかけ、冷蔵庫で30分おく。
4　わかめはざく切りにし、塩とEXVオリーブオイルをまぶし、薄切りにしたみょうがも加えて混ぜる。
5　食べる直前に、4のわかめの上に3のまぐろをのせて、ピーラーで薄切りにしたパルミジャーノ・レッジャーノチーズを散らす。《当日》

さばとピーマンの
香味マリネ (→p.50)

かじきの
トマトマリネ (→p.50)

甘えび、セロリ、オレンジの
シチリア風マリネ (→p.51)

帆立、かぶ、
グレープフルーツのマリネ (→p.51)

さばとピーマンの香味マリネ (→p.46)

さばをしっかりと揚げて、香ばしさを出すのがおいしさのポイントです。
ピーマンのかわりに、ししとうでもおいしい。

材料
さば（3枚におろしたもの） 2枚（約300g）
塩 小さじ½
片栗粉 大さじ4〜5
ピーマン 3個
揚げ油 適量
◎マリナード
　砂糖 大さじ2
　米酢 大さじ3
　醤油 大さじ4
　水 大さじ3
　にんにく（みじん切り） 小さじ½
　しょうが（みじん切り） 小さじ1
　ごま油 大さじ1
　ラー油 小さじ1〜2

作り方
1 ピーマンは半分に切り、ヘタと種を取る。
2 ボウルにマリナードの材料すべてを表記順に入れてよく混ぜる。
3 さばは両面に塩をふり、10分おく。表面に浮いた水分をキッチンペーパーでよく拭き取る。1枚を3〜4切れに切る(a)。
4 中温に熱した油で、ピーマンを素揚げし、油を切る(b)。熱いうちに2に加える。
5 3のさばに片栗粉をまぶし、4の油で揚げ、油を切る(b)。熱いうちに4に加えて和える。容器にうつし、室温で30分おく。 《2日》

a　b

かじきのトマトマリネ (→p.47)

フレッシュなトマトでマリナードを作ります。
マリネする時間の長さによって、少しずつ風味が違ってくるのが楽しい一品です。

材料
かじき 4切れ（1枚100gほど）
塩、こしょう 各少々
オリーブオイル 適量
にんにく（スライス） 1片分
ローリエ 2〜3枚
◎マリナード
　トマト（大） 1個分
　　※皮を湯むきしてから小角切りにする
　玉ねぎ（みじん切り） ¼個分
　パセリ（粗みじん切り） 大さじ3
　種なしの黒オリーブ（輪切り） 4個分
　塩 小さじ¼／こしょう 適量
　レモン汁 大さじ2
　タバスコ 数滴
　EXVオリーブオイル 50mℓ

作り方
1 ボウルにマリナードの材料すべてを表記順に入れてよく混ぜる。
2 かじきは塩をふり、5分おく。表面に浮いた水分をキッチンペーパーでよく拭き取る。
3 フライパンを中火にかけてオリーブオイルを入れ、にんにく、ローリエとともに、かじきを焼く。こしょうをふり、両面を焼いて中まで火を通す。途中、にんにくとローリエが焦げそうな場合は、容器に先に取りおく。
4 容器に1を半量入れ、3のかじきをのせる。残りのマリナードをまわしかける。ラップをかけ、室温で30分おく。 《2日》

※冷蔵保存後は、室温に戻してから食べてください。

甘えび、セロリ、オレンジのシチリア風マリネ (→p.48)

イタリアのシチリア島は、魚介とフルーツを組み合わせた料理が多いのが特徴。
オレンジの甘みと酸味と香りが、甘えびのねっとりとした甘さとよく合います。

材料
甘えび（生食用）　20尾
（殻頭つきで約250g）
塩　少々
セロリ　1本
オレンジ　1個
松の実（ローストしたもの）　大さじ3
ミント　ひとつかみ
◎マリナード
　レモン汁　大さじ1
　塩　適量
　EXVオリーブオイル　大さじ4

作り方
1　ボウルにマリナードの材料すべてを表記順に入れてよく混ぜる。甘えびは頭と殻を取りのぞき、軽く塩をふり、マリナードと和えて冷蔵庫に入れる。
2　セロリは茎の部分の筋をとり、1cm角ほどの大きさに切る。オレンジは果肉を取り出し、3〜4等分する。取り出した後の薄皮を手でしぼり、果汁も使用する。
3　2のセロリとオレンジ、松の実、ミントを1に加えて和える。容器にうつしてラップをかけ、冷蔵庫で15分おく。　《当日》

帆立、かぶ、グレープフルーツのマリネ (→p.49)

見た目にも爽やかなマリネ。春や初夏はもちろん、帆立が旬を迎える冬にもおすすめ。
辛口のシャンパンや、白ワインとよく合います。

材料
帆立貝柱（生食用）　6〜7個
かぶ　2個
塩　小さじ1
グレープフルーツ　1個
ディルの葉　ひとつまみ
◎マリナード
　はちみつ　小さじ1
　白ワインヴィネガー　大さじ2
　ディジョン風マスタード　小さじ1
　塩、こしょう　各適量
　サラダオイル　大さじ6

作り方
1　ボウルにマリナードの材料すべてを表記順に入れてよく混ぜる。
2　かぶは皮をむいて3mm厚さの輪切りにする。塩をまぶして10分おく。表面に浮いた水分をキッチンペーパーでよく拭き取る。
3　帆立貝柱はかたい部分を取りのぞき(a)、横半分に切る。軽く塩（分量外）をふって冷蔵庫で5分おき、表面に浮かんだ水分をキッチンペーパーでよく拭き取る。
4　グレープフルーツは果肉を取り出す。取り出したあとの薄皮を手でしぼり、果汁を1に加えて混ぜる。
5　容器に1を半量入れ、かぶ、帆立、グレープフルーツを並べ、残りのマリナードをまわしかける。ディルの葉を散らし、ラップをかけ、冷蔵庫で30分おく。《当日》

a

えびの中華風マリネ (→p.54)

やりいか、焼きたけのこ、空豆のマリネ (→p.54)

あさりのオイスターマリネ　(→p.55)

たこのサルデーニャ風マリネ　(→p.55)

えびの中華風マリネ (→p.52)

有頭えびをそのまま使ったインパクトのあるマリネ。
熱したごま油をまわしかけて、マリネに仕上げます。

材料
- 有頭えび(車えびなど) 10尾
  (1尾約70gのものを使用)
- 塩 適量
- 老酒(または日本酒) 大さじ2
- にんじん 5cm
- 万能ねぎ 6本
- にんにく(みじん切り) 小さじ2
- ◎マリナード
  - 醤油 大さじ1½
  - ごま油 50mℓ

作り方
1 にんじんはせん切りに、万能ねぎは小口切りにする。
2 えびは足をキッチンばさみで切り落とし、殻つきのまま背に包丁を入れ(a)、背開きにする。尾の手前で切り込みを入れると開きやすい(b)。わたを取りのぞく。容器に並べ、えびの切り口に軽く塩をふり、老酒をまわしかける。蒸気の上がった蒸し器で7～8分蒸す。
3 2が熱いうちにえびの切り口に手早く醤油をまわしかけ、1のにんじんと万能ねぎ、にんにくを散らす。
4 小鍋でごま油を熱し、3の上からまわしかける(c)。室温になるまでおく。 《当日》

a　b　c

やりいか、焼きたけのこ、空豆のマリネ (→p.52)

春の旬の食材をふんだんに使いました。
味がのりにくいたけのこも、マリネにするとおいしくいただけます。

材料
- やりいか(小さめのもの) 2～3杯
- たけのこ 1本(約500g)
- 空豆 20粒
- オリーブオイル 大さじ2
- 白ワイン(または水) 大さじ2
- 塩、こしょう 各少々
- 木の芽 ひとつまみ
- ◎マリナード
  - 醤油 大さじ1
  - 白ワインヴィネガー 大さじ1
  - アンチョビフィレ 2枚
  - ケーパー(粗みじん切り) 小さじ2
  - EXVオリーブオイル 大さじ2

作り方
1 たけのこは下ゆでし、かたい皮をむいて(a)、一口大に切る。
2 空豆は薄皮をとり、手で2つに割る。
3 マリナードを作る。アンチョビフィレは刻んでおく。ボウルにマリナードの材料すべてを表記順に入れてよく混ぜる。
4 やりいかは内臓を出し、皮をむいて輪切りにする(b)。フライパンを中火にかけ、オリーブオイル大さじ1でゲソ、エンペラとともに炒める。軽く塩、こしょうをふり、白ワインを加える。火が通ったら、3に加えて和える。
5 4のフライパンをさっと洗い、中火にかける。残りのオリーブオイルで1のたけのこと2の空豆を焼き、4に加える。木の芽も加えて和える。容器にうつしてラップをかけ、室温で15分おく。 《当日》

a　b

あさりのオイスターマリネ (→p.53)

香港で出合ったマリネ。アツアツもおいしいのですが、味がしみたあさりも格別。
小ぶりなはまぐりを使って作るのもおすすめ。

材料
あさり（殻付き）　約400g
老酒（または日本酒）　大さじ2
ルッコラ　1パック
◎マリナード
　砂糖　大さじ1
　オイスターソース　大さじ2
　老酒（または日本酒）　50㎖
　しょうが（スライス）　3枚
　にんにく（スライス）　3枚
　唐辛子（輪切り）　少々

作り方
1　あさりの砂抜きをする。バットなどに重ならないように並べ、ちょうどひたるくらいの塩水を入れ、上からキッチンペーパーをかけた平ざるをのせ（a）、冷暗所に1時間おく。
2　あさりの殻をよく洗う。鍋にあさりのかさと同じくらいのひたひたの湯を沸かし、老酒を入れる。沸騰したらあさりを入れ、口が開いたらすぐ取り出す。ゆで汁はとっておく。
3　ボウルにマリナードの材料すべてを表記順に入れ、2のゆで汁100㎖を加えてよく混ぜる。
4　容器に3と2のあさりを入れてラップをかけ、室温で1時間おく。食べる直前に、一口大に切ったルッコラを加え、軽く和える。

《当日》

たこのサルデーニャ風マリネ (→p.53)

地中海に位置するサルデーニャ島。そこでとれる魚介やドライトマト、
黒オリーブやフルーツなどの、海と太陽のめぐみの食材を組み合わせたマリネです。

材料
ゆでたこの足　2～3本（約150～200g）
セロリ　1本
ドライトマト（オイル漬け）　3枚
ローズマリー（みじん切り）　小さじ1
オレンジの皮（せん切り）　大さじ1
種なしの黒オリーブ（輪切り）　2～3個分
塩　少々
レモン汁　大さじ2
◎マリナード
　EXVオリーブオイル　80㎖
　にんにく（スライス）　1片分

作り方
1　ゆでたこは斜め薄切りにする。セロリは茎と葉に分け、茎は筋を取って薄切りにし、葉はざく切りにする。ドライトマトはせん切りにする。
2　容器にEXVオリーブオイル（分量外）を薄くぬり、セロリの茎と葉を散らし、上からたこを散らす。軽く塩をふり、レモン汁をまわしかける。
3　ドライトマト、ローズマリー、オレンジの皮、黒オリーブを散らす。
4　小鍋にマリナードの材料をすべて入れて中火で熱し、3の上にまわしかける（a）。ラップをかけ、室温で15分おく。

《当日》

Main Dish With Marinade

たらのスパイスマリネ&じゃがいも、トマトの重ね蒸し

トマトの酸味とスパイシーな香りが白身魚とよく合うディッシュレシピ。
少しクセのあるたらも、スパイスを使ったマリナードでとてもおいしくなります。

材料
生だら(または白身魚) 4切れ
じゃがいも(大) 3個
トマト(大) 1個
トマトペースト 大さじ1½
EXVオリーブオイル 大さじ2
レモン汁 大さじ1
塩 小さじ½
砂糖 小さじ1
パセリ(粗みじん切り) 大さじ1
香菜 適宜
◎マリナード
　塩 小さじ1
　レモン汁 小さじ1
　にんにく(みじん切り) 小さじ1
　パセリ(粗みじん切り) 大さじ3
　パプリカパウダー 小さじ2
　クミンシード 小さじ2
　カイエンヌパウダー 小さじ¼
　EXVオリーブオイル 大さじ2

作り方
1　生だらは皮を取りのぞく。
2　ボウルにマリナードの材料すべてを表記順に入れてよく混ぜる。生だらの両面にまぶし、マリナードごとジッパーつき保存袋に入れて密封し(a)、室温で30分おく。
※保存する場合、それ以上おく場合は冷蔵庫に入れてください。
このまま冷凍保存も可能です。
3　じゃがいもは皮をむいてから、トマトとともに5mm厚さの輪切りにする。
4　耐熱容器(または鍋)の内側に薄くオリーブオイル(分量外)をぬり、3のじゃがいもの半量を並べて、2のたらをのせる。残りのじゃがいもとトマトを同様にして重ねる。
5　トマトペーストを水150ml(分量外)でとき、EXVオリーブオイル、レモン汁、塩、砂糖、パセリを混ぜ、4にまわしかける。ふたをし、180℃に温めておいたオーブンで30分焼く(b)。食べる直前に好みで香菜をのせる。 《2日》

※ふたがない場合は、アルミホイルをしっかりかぶせて加熱してください。
※オーブン加熱しない場合は、鍋に入れてふたをし、焦げないように弱火〜中火で30分ほど煮込んでも可。

a　b

[パプリカパウダー] 唐辛子を粉末状にしたものですが、辛みはありません。かすかな甘みがあり、料理にきれいな赤い色がつきます。
[クミンシード] インド料理のカレーには欠かせないスパイスの一つ。独特の甘い風味があります。
[カイエンヌパウダー] カイエンヌ種という辛い唐辛子を粉末状にしたもの。なければ、一味唐辛子で代用できます。

Main Dish With Marinade

金目鯛の味噌マリネ蒸し

お魚の味噌漬けも、立派なマリネ。マリナードをつけたまま蒸し上げ、ふっくらとやわらかくなった身をアツアツでいただきます。

材料
金目鯛　4切れ
塩　小さじ½
しょうがの甘酢漬け　適宜
マスタードスプラウト　適宜
◎マリナード
　味噌（信州タイプ）　100g
　砂糖　大さじ1
　みりん　大さじ1
　日本酒　大さじ1½
　ごま油　大さじ1½
　白すりごま　大さじ3

作り方
1　金目鯛は両面に軽く塩をふり、平ざるにのせて（バットなどを下に敷き）冷蔵庫で10分おく。表面に浮いた水分をキッチンペーパーでよく拭き取る。
2　ボウルにマリナードの材料すべてを表記順に入れてよく混ぜる。金目鯛の両面にまぶし、マリナードごとジッパーつき保存袋に入れて密封し（a）、冷蔵庫で1時間おく。　※一晩おいてもよい。このまま冷凍保存も可能です。
3　マリナードをつけたままの金目鯛を、蒸気の上がった蒸し器で8〜10分蒸す（b）。
4　好みでしょうがの甘酢漬けとマスタードスプラウトを添える。　〈2日〉

お肉のマリネ

食べごたえたっぷりのボリュームマリネ。
さっぱりもこっくりも、味をしっかりなじませて召し上がれ。

鶏肉のはちみつレモンマスタードマリネ

レモンの酸味とはちみつの甘さ、粒マスタードのまろやかな辛さ、
さまざまな味を一つにとじ込めた贅沢なマリネです。

材料
鶏もも肉　2枚
塩、こしょう　各少々
玉ねぎ（小）　2個
いんげん　10本
無農薬レモン　1/2個
オリーブオイル　大さじ2
◎マリナード
　はちみつ　1/4カップ
　米酢　大さじ1
　レモン汁　2個分
　粒マスタード　大さじ1
　薄口醤油　小さじ2

作り方
1　玉ねぎは1個を4等分にする。いんげんは両端を切り落とす。レモンは皮つきのまま4等分の乱切りにする。鶏肉は余分な脂肪と筋を取りのぞき、それぞれ身に4ヵ所切り込みを入れ（a）、2等分する。両面に塩、こしょうをふる。
2　ボウルにマリナードの材料すべてを表記順に入れてよく混ぜる。
3　フライパンを中火にかけてオリーブオイルを入れ、玉ねぎといんげんを入れて軽く塩、こしょうをふり、揚げ焼きにする。いんげんに火が通ったら先に取り出して2に加える。あとに残った玉ねぎに水50㎖（分量外）をたし、ふたをして中までやわらかく火を通し、2に加える。
4　3のフライパンをさっと洗い、中火にかけ、鶏肉を皮目から焼く。こんがり焼けたら裏返し（b）、レモンを加えて裏面も焼いて中まで火を通す。
5　熱いうちに4を3に加えて和える。容器にうつし、室温で10分おく。《2日》

※冷蔵保存後は、室温に戻してから食べてください。

a　b

豚バラ肉とにんじんの
バルサミコマリネ (→p.64)

豚しゃぶ肉と白菜の
シーザーマリネ （→p.65)

豚バラ肉とにんじんのバルサミコマリネ （→p.62）

バルサミコの酸味に、マーマレードで甘みをプラス。
お肉も、大きいまま調理したにんじんも、マリネすることでしっかり味がなじみます。

材料
豚バラ肉（かたまり）　300g
塩、こしょう　各少々
にんじん（7cmほどのもの）　5〜6本
オリーブオイル　小さじ2
くるみ　8粒
オレガノの葉　適宜（20枚ほど）
◎マリナード
　マーマレード　大さじ2
　白ワインヴィネガー　大さじ1
　レモン汁　½個分
　にんにく（みじん切り）　小さじ½
　こしょう　適量
　醤油　大さじ1
　バルサミコ　大さじ1
　EXVオリーブオイル　大さじ2

作り方

1　ボウルにマリナードの材料すべてを表記順に入れてよく混ぜる。

2　豚バラ肉は5mm厚さに切り（a）、軽く塩、こしょうをふる。にんじんは好みで皮つきのまま縦半分に切る。くるみは2〜3等分に手で割る。

3　フライパンを中火にかけてオリーブオイルを入れ、にんじんの切り口を下にして焼き色がつくまで焼く。軽く塩、こしょうをふり、水50㎖（分量外）を入れてふたをする。弱火にして竹串がすっと通るまで火が通ったら、1に加える。

4　3のフライパンをキッチンペーパーでさっと拭き、中火にかけて豚肉の両面を焼き色がしっかりつくまで焼く。焼いている途中に出る肉の脂はキッチンペーパーなどで吸い取るとよい（b）。途中でくるみも加えていっしょに焼き上げる。3に加えて和える（肉の脂は入れない）。好みでオレガノの葉も加え混ぜ、容器にうつしてラップをかけ、室温で10分おく。
《2日》

※寒い時期は、脂が固まることがあります。気になる方は、食べるときに電子レンジで少し温めるのがおすすめです。

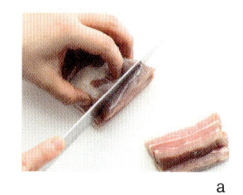

a　　　b

豚しゃぶ肉と白菜のシーザーマリネ (→p.63)

ゆでたお肉とマリネすることで、生の白菜もしんなりと食べやすくなります。
白菜のかわりに、ロメインレタスや塩ゆでしたオクラ、アスパラガスもおすすめ。

材料
豚肉（しゃぶしゃぶ用）　300g
日本酒　大さじ1
白菜　2枚
◎マリナード
　マヨネーズ　大さじ1
　ディジョン風マスタード　小さじ1
　パルミジャーノ・レッジャーノチーズ
　　（すりおろし）　大さじ3
　にんにく（すりおろし）　小さじ1
　塩、こしょう　各適量
　アンチョビフィレ　2枚
　白ワインヴィネガー　大さじ1
　EXVオリーブオイル　大さじ4

作り方
1　マリナードを作る。アンチョビフィレは刻んでおく。ボウルにマリナードの材料すべてを表記順に入れてよく混ぜる。
2　鍋にたっぷりの湯を沸かし、日本酒を入れて豚肉をゆでる。白くなったらざるに取り、よく水気をきる。1に加えて和える。
3　白菜は一口大に切り、2に加えて和える。容器にうつしてラップをかけ、室温で10分おく。　《当日》

［パルミジャーノ・レッジャーノチーズ］牛乳を原料とした風味豊かなイタリアのチーズ。製造工程や品質の審査があり、合格したものだけが「パルミジャーノ・レッジャーノ」として販売され、熟成期間によって味の深みに違いがあります。
ここでは、パルミジャーノ・レッジャーノチーズをすりおろして使います。市販の粉チーズで代用も可能ですが、おろし立てのチーズを使ったマリネの味は格別です。ぜひ、お試しください。

牛しゃぶ肉の
ベトナム風マリネ (→p.68)

ひき肉とエリンギの
カレーマリネ （→p.69）

牛しゃぶ肉のベトナム風マリネ (→p.66)

酸味を効かせたニョクマム味のマリナードに
牛肉を色とりどりの野菜とともに和えて、エスニックテイストの一品に。

材料

牛肉(しゃぶしゃぶ用切り落とし) 200g
紫玉ねぎ ½個
パプリカ(赤) 1個
青唐辛子 2本
香菜(大) 1株
サラダ菜 適量
◎マリナード
　砂糖 大さじ2
　米酢 大さじ3
　レモン汁 大さじ3
　ニョクマム(ナンプラー) 大さじ3
　粉唐辛子 小さじ½〜1

作り方

1　ボウルにマリナードの材料すべてを表記順に入れてよく混ぜる。

2　紫玉ねぎは薄切りにする。パプリカは種とヘタを取り、せん切りにする。青唐辛子は種を取り、斜め薄切りにする。香菜の葉はちぎり、茎はみじん切りにする。牛肉はさっとゆでて氷水に取り、手でしぼって水気をよくきる(a)。

3　1に2の野菜と牛しゃぶ肉を加えて和える。容器にうつしてラップをかけ、室温で30分おく。食べる直前にサラダ菜とともに盛り合わせる。
《当日》

a

［ニョクマム(ナンプラー)］魚介類を原料に作った調味料。魚醤(ぎょしょう)。濃厚な旨みが特徴で、味付けに使うとグンとエスニック風に仕上がります。ベトナムではニョクマム、タイではナンプラーといいます(日本の魚醤は、秋田のしょっつるが有名)。レモン汁とあわせたマリナードにして、さっぱりと仕上げます。

ひき肉とエリンギのカレーマリネ (→p.67)

長ねぎの青い部分は、つい捨ててしまいがちですが、
その辛みや香りは立派なアクセントに。カレー味とよく合います。

材料

合いびき肉　200g
エリンギ　5〜6本
日本酒　大さじ1
サラダオイル　大さじ2
塩　小さじ½
こしょう　少々
長ねぎ（青い部分）　1本分
しょうが（みじん切り）　大さじ1
にんにく（みじん切り）　小さじ½
カレー粉　大さじ1
チキンブイヨン　50㎖
※市販のチキンブイヨンの素を表示通りにといたもの
◎マリナード
　　ウスターソース　大さじ1
　　醤油　大さじ2
　　米酢　大さじ3

作り方

1　ボウルにマリナードの材料をすべてを表記順に入れてよく混ぜる。

2　長ねぎは小口切りにする。エリンギは根元のかたい部分を切り落とし、縦半分に切る。

3　フライパンにサラダオイル大さじ1を中火で熱し、エリンギの両面を焼く(a)。焼き色がついたら、日本酒を入れてふたをし、2〜3分ほど加熱し火を通す。1に加えて和える。

4　3のあとのフライパンにサラダオイル大さじ1を中火で熱し、ひき肉をしっかり炒める。塩、こしょうを入れ、2の長ねぎ、しょうが、にんにく、カレー粉を加えて、さらに炒める。

5　4にチキンブイヨンを加えて混ぜ、3に加えて和える(b)。容器にうつしてラップをかけ、室温で30分おく。

《3日》

Main Dish With Marinade

ヤムニョンテジカルビ（スペアリブの韓国風マリネ）

しっかり味をなじませるには、6時間はマリネするのがおすすめ。
ビールのおともにぴったりの、韓国風味のお肉に仕上がります。

材料
スペアリブ　約500g
※ここでは、7〜8cmにカットされたもの8〜10本を使用

◎マリナード
　コチジャン　大さじ1
　水飴（または砂糖）　大さじ2
　日本酒　小さじ4
　醤油　大さじ4
　こしょう　少々
　にんにく（すりおろし）　小さじ2
　しょうが（すりおろし）　小さじ2
　長ねぎ（みじん切り）　大さじ4
　白ごま　大さじ2
　ごま油　大さじ2

作り方
1　ボウルにマリナードの材料すべてを表記順に入れてよく混ぜる。
2　1をスペアリブに手でよくもみこむ。ジッパーつき保存袋に入れて密封する（a）。冷蔵庫で3時間（できれば6時間）おく。
※このまま冷凍保存も可能です。
3　2を室温に戻す（冷蔵庫から出して30分くらいおく）。天板にアルミホイルを敷いてグリーユ（金網）をおき、マリナードをつけたままのスペアリブをのせて（b）、180℃に温めたオーブンで20〜25分焼く。

《2日》

a　　b

Main Dish with Marinade

チキンとレモンのモロッコ風タジン

すりおろした玉ねぎでマリネすることで、お肉はほろほろにやわらかくなります。
レモンの塩漬けを使ったこのタジンは、モロッコでも代表的な料理です。

材料(直径21cmのタジン鍋 1台分)
鶏もも肉 2枚
オリーブオイル 小さじ2
玉ねぎ 1個
レモンの塩漬け(市販の瓶詰) 2個
※なければ無農薬レモン(輪切り) ½個分
緑オリーブ 10個
タイム 5～6枝
◎マリナード
　レモン汁 ½個分
　粒塩 大さじ½／こしょう 適量
　玉ねぎ(すりおろし) ½個分
　しょうが(すりおろし) 大さじ1
　にんにく(つぶしたもの) 1片分
　香菜(粗みじん切り) 1株分
　※茎、葉ともに使用
　EXVオリーブオイル 大さじ2

作り方
1 ボウルにマリナードの材料すべてを表記順に入れてよく混ぜる。
2 鶏肉は余分な脂と筋を取りのぞき、3～4カ所切り込みを入れる。1のマリナードを手でよくもみこんで、ジッパーつき保存袋に入れて密封する(a)。冷蔵庫で3時間(できれば6時間)おく。
※このまま冷凍保存も可能です。
3 2を室温に戻す(冷蔵庫から出して30分くらいおく)。
4 玉ねぎは8～10等分のくし形に切る。タジン鍋にオリーブオイルを弱火で熱し、玉ねぎを透き通るまで炒め、バットなどに取り出しておく。
5 4のあとのタジン鍋を中火にかけ、マリナードをつけたままの鶏肉を皮目を下にして焼く。焼いた面が白くなったら裏返す。同様に白くなったらまた裏返す。
6 5(皮目が下の状態)に水100ml(分量外)を入れ、4の玉ねぎ、半分に切ったレモンの塩漬け、オリーブ、タイムも加えてふたをする。沸騰したら弱火にし、鶏肉がやわらかくなるまで20分ほど加熱する。

《2日》

a

Main Dish with Marinade

プロヴァンス風　仔羊のハーブマリネ

仔羊肉の独特のにおいは、ローズマリーのように強い香りのハーブでやわらげます。さらに、レモンのスライスを加えてマリネするのもおすすめです。

材料
ラムラック（仔羊の骨付きロース肉のかたまり）　約450g（6〜8本）
レモン　適量
◎マリナード
　塩　小さじ2
　こしょう　小さじ½
　EXVオリーブオイル　大さじ4
　にんにく（スライス）　2片分
　ローズマリー　6〜7枝
　※長ければ5cmほどの長さに切っておく
　タイム　10枝

作り方
1　ボウルにマリナードの材料すべてを表記順に入れてよく混ぜる。
2　仔羊肉は骨にそって包丁を入れ、切り離す(a)。1に仔羊肉を加え、骨に注意しながら（手を傷つけないように）手でよくもみこむ。
3　ジッパーつき保存袋に入れて密封する(b)。冷蔵庫で3時間（できれば6時間）おく。※このまま冷凍保存も可能です。
4　3を室温に戻す（冷蔵庫から出して30分くらいおく）。
5　フライパンを強火にかけ、しっかり熱くなったら4を入れて焼く。仔羊肉は片面2〜3分ずつ、両面を焼く。
6　焼いたらアルミホイルにくるみ、温かいところ（30℃くらい）に10分ほどおいてから器に盛り、レモンを添える。　〈2日〉

※仔羊肉を焼くときに、マリナードに使ったローズマリー、タイム、にんにくも一緒に焼くと香りがよくなります。
焦げそうな場合は途中で取り出しておき、いっしょに盛りつけましょう。

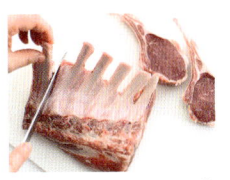

a　　　　b

白桃のレモン・バニラ
マリネ （→p.78)

スパイスやハーブとあわせる
フルーツのマリネ

おいしくいただくポイントは室温でいただくこと。
冷たくするよりも、フルーツとハーブやスパイスが香り立ちます。

完熟いちごと
山椒のマリネ
（→p.78)

キウイとミントの
カルピスマリネ

(→p.79)

オレンジとタイムの
オリーブオイルマリネ

(→p.79)

白桃のレモン・バニラマリネ (→p.76)

白桃のやさしい味を残しながら、レモンの酸味とバニラの風味をたしました。
旬の時期にはぜひ、フレッシュの桃でお試しを。

材料
白桃の缶詰　1缶
（固形量250gのもの）
◎マリナード
　レモン汁　大さじ2
　砂糖　大さじ2
　バニラ棒　½本

作り方
1　白桃は2〜3等分のくし形に切る。
2　マリナードを作る。バニラ棒は縦半分に切って種をしごき、さやはそれぞれ2〜3等分しておく。ボウルにマリナードの材料すべてを表記順に入れてよく混ぜる。
3　1を2に加えて和える。容器にうつしてラップをかけ、室温で30分おく。　《2日》

※あまった缶詰のシロップ（缶汁）は、ジッパーつき保存袋に入れて凍らせ、グラニテ（シャーベット）にするのもおすすめです。

完熟いちごと山椒のマリネ (→p.76)

香り立ついちごの甘い風味を、山椒がぴりりとひきしめてくれます。
そのコントラストが楽しみどころ。

材料
いちご（完熟したもの）　1パック
◎マリナード
　砂糖　大さじ2〜3
　コアントロ（または水）　50㎖
　粉山椒　小さじ⅕
　花椒　小さじ2

作り方
1　いちごはヘタを取り、縦半分に切る。
2　マリナードを作る。鍋に花椒を入れて弱火にかけ、焦がさないように炒る。香りが出たら冷まし、すり鉢で粉状にしておく。ボウルにマリナードの材料すべてを表記順に入れてよく混ぜる。
3　2に1のいちごを加えて和える。容器にうつしてラップをかけ、室温で30分おく。　《当日》

※6時間以内に食べ切るのがおすすめです。
※砂糖の量はいちごの甘さや好みで加減してください。
※山椒の香りと辛さが好きな方は、食べる直前に山椒粉をさらに少しふりたすのもおすすめです。

キウイとミントのカルピスマリネ (→p.77)

懐かしいカルピスも、キウイとミントの爽やかな風味で大人の味わいに。
休日や夏休みなどノスタルジックになる季節に、ぜひ作ってみて欲しいレシピです。

材料
キウイ(完熟したもの) 2個
ミントの葉 40枚
◎マリナード
　カルピス(原液) 大さじ3〜4

作り方
1 キウイは皮をむき、1.5cm厚さの輪切りにする。
2 すべての材料をボウルに入れて和える。容器にうつしてラップをかけ、室温で30分おく。《当日》

※カルピスの量はキウイの甘さや好みで加減してください。

オレンジとタイムのオリーブオイルマリネ (→p.77)

マリナードでオレンジの酸味がやわらぎ、男性にもおすすめの一品に。
オイルは、ぜひエクストラヴァージンのものを！

材料
オレンジ 2個
タイム 7〜8枝
◎マリナード
　EXVオリーブオイル 50mℓ
　砂糖 大さじ2

作り方
1 オレンジの皮はよく洗い、1個は表皮をすりおろす。2個とも皮をむき、ともに果肉を1.5cm厚さの輪切りにする。タイムは葉をしごき取る。
2 すべての材料をボウルに入れて和える。容器にうつしてラップをかけ、室温で30分おく。《2日》

※砂糖の量はオレンジの甘さや好みで加減してください。

渡辺麻紀
Watanabe Maki

料理家。料理教室 L'espace Makiette（レスパスマキエット）主宰。
白百合女子大学仏文科卒業。ル・コルドン・ブルー代官山校に勤務後、
フランス、イタリアで料理を学ぶ。
東京・目黒の料理教室でのレッスン、雑誌やテレビ、書籍など多方面で活躍。
著書に『QUICHES キッシュ』『TERRINES テリーヌ』
『CAKES SALES ケーク・サレ』『TARTINES タルティーヌ』
（以上、池田書店）、『ヴェリーヌ』（成美堂出版）、
『今夜のごはんは、ワインとパンと絶品スープ』（講談社）など多数。
http://www.makiette.com

Staff
デザイン　伊丹友広　新 由紀子　中井有紀子（IT IS DESIGN）
撮影　　　公文美和
スタイリング　本郷由紀子
編集協力　久保歓奈

ごちそうマリネ

2012年6月30日　初版発行
2013年4月20日　5刷発行

著　者　渡辺麻紀
発行者　小野寺優
発行所　株式会社河出書房新社
　　　　〒151-0051　東京都渋谷区千駄ヶ谷2-32-2
　　　　電話 03-3404-8611（編集）03-3404-1201（営業）
　　　　http://www.kawade.co.jp/
印刷・製本　図書印刷株式会社

Printed in Japan
ISBN978-4-309-28322-7

落丁・乱丁本はお取り替えいたします。
本書のコピー、スキャン、デジタル化等の無断複製は著作権法上での例外を除き禁じられています。本書を代行業者等の
第三者に依頼してスキャンやデジタル化することは、いかなる場合も著作権法違反となります。